Isabell Müller
Hannah Schmiedel
Noah Willmann
Simon Zerth

Mio, der Braunbär

Sexualisierte Gewalt kindgerecht erklärt

Psychologische Kinderbücher

hogrefe

Inhaltsverzeichnis

Es ist ein schöner Tag im Tierwald. Mio, der Braunbär, und viele andere Tiere haben sich versammelt, um den Geburtstag von Mios Mutter Tara zu feiern. Mio lebt mit seiner Mutter unter den hohen Eichen mitten im Wald. Weil Tara immer viel arbeiten muss und allein auf Mio aufpasst, hat sie wenig Freizeit.

Deshalb freut sie sich heute umso mehr, dass viele Tiere sie besuchen kommen. Sie sind aus allen Ecken des Waldes angereist.
Die Füchsin und der Dachs, zwei gute Freunde von Mios Mutter, helfen bei den letzten Vorbereitungen. Außerdem kommt Rami, der Rabe, angeflogen. Er ist ein Freund von Mio aus der Waldschule.

Mio begrüßt ihn gerade, als sein Onkel Oskar zur Lichtung stapft.
Tara freut sich, ihn zu sehen, und umarmt ihn. „Mio, schau mal!", ruft sie.
„Dein Onkel Oskar ist auch hier. Komm und sag ihm Hallo!"

Mio verspürt ein ungutes Gefühl in seinem Bärenbauch.
Er hat plötzlich gar keine Lust mehr auf die Geburtstagstorte und trottet mit hängendem Kopf zu der großen Wurzel am Ende der Lichtung.
„Grr, nicht schon wieder dieser blöde Oskar", grummelt er vor sich hin.
„Jedes Mal, wenn wir uns begrüßen, gibt er mir einen dicken Schmatzer auf die Wange. Das ist voll eklig." Als er das so vor sich hinsagt, landet sein Freund Rami auf der großen Wurzel neben ihm.

„Mio, was machst du denn hier drüben?", ruft er ihm zu. „Wir wollen gleich die Torte anschneiden."
„Ach, auf die Torte habe ich gar keine Lust", antwortet Mio. „Da drüben steht mein Onkel."
„Und wo ist das Problem?", fragt Rami.
„Immer, wenn ich den sehe, kriege ich so ein schlechtes Gefühl im Bauch. Er kommt mir nämlich immer voll nahe."
„Bäh, das kann ich gut verstehen, dass du keine Lust auf ihn hast", sagt Rami. „Super, dass du auf dein Bauchgefühl hörst. Das erinnert mich daran, was meine Eltern mir neulich erklärt haben."
Da spitzt Mio seine Bärenohren. „Was denn?"

„Sie nennen es das Nein-Gefühl", erklärt Rami. „Das kriegt man, wenn man in einer unangenehmen Situation ist. Wie wenn dir jemand unangenehm nahe kommt."
„Puhh, das ist genau so ein Gefühl, wie ich es gerade hatte!", sagt Mio überrascht.
„Ja. Weil so ein Nein-Gefühl kriegt man auch, wenn einer was mit dir macht, was du nicht willst. Du verhältst dich genau richtig! Denn wenn du ein schlechtes Gefühl in deinem Bärenbauch hast, ist es ganz wichtig, dass du dem Gefühl vertraust."
„Aber Onkel Oskar ist doch Mamas liebster Bruder", sagt Mio. „Darf ich denn bei dem auch so ein Gefühl haben?"
„Das Nein-Gefühl darfst du bei allen haben. Egal, wann oder bei wem du es hast – es ist wichtig, dass du danach handelst."
„Was heißt denn danach handeln?", fragt Mio.

„Manchmal reicht es aus, einfach wegzugehen. Manchmal ist es aber auch wichtig, das Nein-Gefühl anderen zu zeigen. Zum Beispiel durch ein lautes Krääääh!“
„Aber ich kann doch gar nicht krähen!“
„Klar, du bist ja auch kein Rabe. Aber du kannst das anders machen. Du könntest richtig laut brüllen, sodass es durch den ganzen Wald schallt.“

„Dann hören mich vielleicht ganz viele Tiere. Und die kommen dann und können mir helfen."

Rami nickt ernsthaft. „Stimmt. Und es ist ganz wichtig, dass du deinen Eltern und Freunden von deinem Nein-Gefühl erzählst, sagen meine Eltern."

Mio denkt eine Weile über das nach, was Rami gesagt hat. Er fühlt sich jetzt schon viel stärker als vorher. Jetzt hat er Lust auf ein Stück Torte. „Wollen wir zu den anderen zurückgehen?", fragt er.

Mio und Rami verputzen am Ende jeder drei Stücke Torte und verbringen einen schönen Nachmittag. Am Abend schläft Mio mit vollem Bauch zufrieden ein. Am nächsten Morgen treffen sich Mio und seine Mutter mit anderen Bären am Bachlauf zum Fischen. Mios Onkel ist schon da. „Lasst uns in Paaren fischen gehen", sagt Tara. „So haben wir eine größere Chance, auch etwas zu fangen."
„Das ist eine gute Idee", sagt Onkel Oskar. „Mio, kommst du mit mir?"

Mio erschrickt und weiß nicht, was er tun soll. Eigentlich will er nicht. Aber seine Mutter wird ihn sicherlich fragen, was los ist, wenn er sich weigert. Aber dann erinnert er sich an Rami und das Nein-Gefühl. Er weiß, was zu tun ist, wenn etwas passieren sollte, falls er auf einmal ein starkes Nein-Gefühl verspürt. Als er das denkt, fühlt er sich schon ein bisschen besser.

Also geht Mio gemeinsam mit seinem Onkel den Bachlauf entlang. Im Wald ist einiges los. Ameisen krabbeln quer über den Weg. Zwei Zitronenfalter flattern vorbei. Mio konzentriert sich auf den plätschernden Bach. Tatsächlich sieht er schon bald eine Forelle und springt mit einem Satz ins flache Wasser. Stolz zieht er die Forelle an Land und verschnauft eine kurze Weile neben dem Bach. Der Onkel staunt nicht schlecht und gratuliert ihm.

„Glückwunsch, guter Fang", sagt er und tätschelt dabei Mios Hintern. Mio erstarrt und merkt, wie sich ein ganz schlechtes Gefühl in seinem Bauch ausbreitet. Er erinnert sich an das, was Rami gesagt hat, und erkennt direkt, dass es ein Nein-Gefühl ist.
Und jetzt soll ich einfach so laut losbrüllen, fragt er sich selbst. Das ist doch mein Onkel, wir sind eine Familie, und meine Mama versteht sich doch so gut mit ihm.
Doch das Nein-Gefühl breitet sich immer weiter in seinem Körper aus.

Mio hat Bauchschmerzen und fühlt sich so unwohl, dass er dann doch all seine Kraft und seinen Mut zusammennimmt und laut brüllt: „Nein, hör auf! Ich will von dir nicht angefasst werden!"
Durch sein Brüllen bringt er sogar die Äste und die Blätter zum Schaukeln.
Oskar schreckt zurück.
„Was hast du denn?", fragt er. „Das ist doch nur lieb gemeint – eben, weil ich dich so mag."

„Du darfst mich nicht anfassen, wenn ich das nicht will!", schreit Mio. „Aber Mio, das war wirklich lieb gemeint", wiederholt Oskar. „Das muss jetzt aber unter uns bleiben, deine Mama wird bestimmt sauer auf dich, wenn sie hört, was du hier für einen Aufstand machst."

Nach einem kurzen Augenblick kommen mehrere Bären aus verschiedenen Richtungen angerannt, allen voran Mios Mutter. Als der Onkel das merkt, verzieht er sich ins Dickicht des Waldes.

Tara sieht Mio allein neben dem Bach. „Was ist denn passiert?"

Mio ist verunsichert.

Soll ich das jetzt wirklich sagen, fragt er sich. Was, wenn Mama echt sauer auf mich wird?

Seine Mutter sieht seine Verunsicherung. „Mio, du kannst mir wirklich alles erzählen", sagt sie. „Was ist los?"

„Oskar ist weg. Ich habe ihn verbrüllt!", sagt Mio und schaut dabei verlegen zu Boden.

„Aber warum das denn?", fragt die Mutter.

„Er hat mir an meinen Hintern gegriffen", flüstert Mio. „Und dabei kam mir ein Nein-Gefühl im Bauch hoch. Da habe ich mich gewehrt."

„Oh Mio!" Sie reißt erschrocken die Augen auf. „Das tut mir so leid." Sie streicht ihm über die Ohren. „Du hast dich genau richtig verhalten! Oskar soll sich schämen, das darf er nicht tun!"

Nachdem seine Mutter das gesagt hat, fühlt Mio sich gleich ein Stückchen besser.

„Es war sehr mutig von dir, dich zu wehren. Ich bin stolz auf dich", sagt Tara und nimmt ihn dabei fest in den Arm. „Und wir kümmern uns darum, was mit Onkel Oskar jetzt passieren soll."

Nach dieser ganzen Aufregung verschieben Mio und Tara den Rest des Fischens auf ein anderes Mal und machen sich auf den Weg nach Hause. Dort machen sie es sich auf der Wurzel am Ende der Lichtung bequem.
„Du, Mama?“, fragt Mio geknickt.
„Ja, Mio?“, antwortet Tara.
„Na ja, ich fühle mich schlecht, weil ich Onkel Oskar vertrieben habe. Dabei ist er doch dein liebster Bruder.“ Mio lässt den Kopf hängen. „Bist du nicht böse auf mich?”, fragt er.
Tara drückt ihn ganz fest an sich. „Ganz im Gegenteil, Mio. Auf deinen Onkel bin ich böse! Kinder haben nie Schuld, wenn sie auf ihr Bauchgefühl hören. Es sind die Erwachsenen, die sich falsch verhalten, wenn sie etwas tun oder von Kindern Dinge verlangen, die sie nicht tun wollen. Niemand darf dich anfassen, wenn du das nicht willst.“

Mio ist erleichtert.

Und er ist stolz, dass er sich gegen Oskar zur Wehr gesetzt hat.

Mach mit! – Übungen für dich

Sie können die Mach-mit-Seiten für diesen Titel kostenfrei über unsere Internetseite nach erfolgter Registrierung online abrufen.
Nutzen Sie dazu bitte den angegebenen Link und melden Sie sich nach den dort beschriebenen Schritten an. Sie können auf die Materialien über *Mein Konto* zugreifen, indem Sie unter *Meine Zusatzmaterialien* den Code eingeben.
Sie werden dann automatisch in den Downloadbereich weitergeleitet.
Link: hgf.io/download
Code: B-UR7BS9
Wir empfehlen Ihnen, sich die Materialien auf Ihrem Rechner zu speichern, um sie jederzeit dauerhaft nutzen zu können.

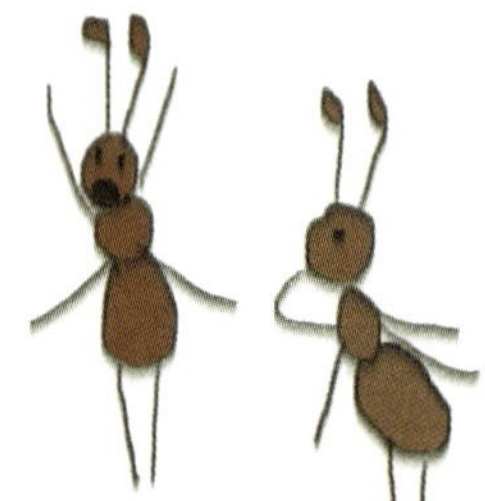

Einleitung

Am nächsten Tag rief Tara den Tierrat an, der dafür da ist, alle möglichen Probleme der Waldtiere zu lösen. Mio und seine Mutter wollten mit ihm über Oskars Übergriff sprechen und gingen darum zur großen Lichtung, wo sich der einberufene Tierrat versammelt hatte. Mio erzählte die Geschichte noch einmal. Alle hörten ihm aufmerksam zu. Die versammelten Tiere sagten ihm, dass das Verhalten von Oskar nicht in Ordnung war, und lobten ihn für seinen Mut.

Mit seinem Verhalten zeigt Mio anderen Kindern, dass es wichtig ist, sich zu wehren. Wie du bestimmt gemerkt hast, ist ihm das am Anfang gar nicht so leichtgefallen. Deshalb haben wir für dich und Mio noch ein paar weitere Übungen vorbereitet, damit ihr in Zukunft wisst, was zu tun ist, falls euch so etwas passiert, wie Mio mit seinem Onkel.

Was ist sexualisierte Gewalt?

Sexualisierte Gewalt kann ganz unterschiedlich sein. Zum einen gibt es sexualisierte Gewalt mit Körperkontakt. Dazu gehören sexuelle Handlungen, zu denen Kinder gezwungen werden, aber auch unangenehme Berührungen wie die von Mios Onkel. Zum anderen gibt es sexualisierte Gewalt ohne Körperkontakt. Das meint zum Beispiel, wenn sich Personen an intimen Stellen berühren und möchten, dass Kinder oder andere Personen dabei zuschauen. Auch belästigende Blicke und sexualisierte Sprache gehören dazu.
Sexualisierte Gewalt kann auch im Internet vorkommen. Wenn beispielsweise fremde Menschen Fotos von ihren Genitalien schicken oder dich dazu auffordern, ihnen Bilder zu senden. Manchmal suchen Täter*innen im Internet gezielt nach Kindern und Jugendlichen und kontaktieren sie, um sie sexuell zu belästigen. Diese Form von sexualisierter Gewalt nennt man Cybergrooming. (Auf Seite 44 gibt es noch mehr Informationen zu sexualisierter Gewalt im Internet.)
Verschiedene Menschen können Täter*innen sein. Oft sind es andere Jugendliche, es können aber auch fremde Menschen oder wie in der Geschichte von Mio Familienmitglieder sein.

Wie oft geht es Kindern und Jugendlichen so wie Mio?

Was glaubst du, wie viele Kinder und Jugendliche haben in Deutschland schon sexualisierte Gewalt erlebt?

Etwa die Hälfte (48%) der Neunt- und Zehntklässler*innen haben in ihrem Leben nicht-körperliche sexualisierte Gewalt erlebt. Dazu gehören Kommentare, Beleidigungen, Konfrontationen mit sexuellen Handlungen oder Belästigungen im Internet. Mädchen erleben dies deutlich häufiger als Jungen.
Außerdem hat fast ein Viertel (23%) aller Jugendlichen bereits mindestens ein Mal körperliche sexualisierte Gewalterfahrungen gemacht. Auch hiervon sind Mädchen stärker betroffen als Jungen.

Die Unterscheidung von Ja- und Nein-Gefühlen

Als Mio von seinem Onkel berührt wurde, spürte er eindeutig, dass ihm das nicht gefällt. Wie du schon gelernt hast, kann sexualisierte Gewalt ganz unterschiedlich aussehen. Mio hat damit angefangen, eine Liste mit Situationen aufzuschreiben, in denen er ein Nein-Gefühl oder ein Ja-Gefühl gespürt hat. Ja-Gefühle können bei Berührungen kommen, die du magst. Zum Beispiel, wenn du mit deiner Mama kuschelst oder wenn dich dein bester Freund umarmt.
Hilf Mio dabei, die Liste fortzusetzen. Fallen dir Situationen ein, in denen du ein Nein- oder ein Ja-Gefühl gehabt hast? Vielleicht fallen dir auch Situationen ein, die dir zwar nicht passiert sind, in denen du aber ein solches Gefühl haben würdest. Mio hat die Liste schon angefangen...

Wann habe ich schon einmal ein **Nein-Gefühl** gehabt?	Wann habe ich schon einmal ein **Ja-Gefühl** gehabt?
-wenn mein Onkel mir dicke Schmatzer gibt.	-wenn ich mit Mama kuschle.
-als mein Onkel mir an den Hintern gefasst hat.	-wenn Rami mich umarmt.

Wenn du bei einer Berührung ein Nein-Gefühl verspürst, dann gibt es verschiedene Dinge, die du tun kannst. Wie das geht, kannst du mit Mio auf der nächsten Seite überlegen.

Was kannst du bei einem Nein-Gefühl tun?

Nur du darfst entscheiden, ob, wie und wo du berührt werden möchtest. Dabei ist es egal, ob es eine Person ist, die du magst und kennst oder nicht. Auch wenn sich Umarmungen von einer bestimmten Person, wie zum Beispiel einem Freund oder einer Freundin, normalerweise gut anfühlen, ist es auch hier in Ordnung, Nein zu sagen, falls du nicht berührt oder umarmt werden möchtest.
Es ist wichtig, dass du der Person sagst, dass du nicht berührt werden möchtest. In einer Situation mit einem starken Nein-Gefühl kann es helfen, wenn du andere Personen auf dich aufmerksam machst. So wie Mio im Wald, als sein Onkel Oskar ihm an den Hintern gegriffen hat. Rami und Mio überlegen gemeinsam, wie man sich verhalten kann. Fällt dir noch etwas ein? Schreibe es in die Sprechblasen auf den nächsten Seiten.

Wem kannst du dich anvertrauen?

Nachdem Oskar Mio angefasst hat, brüllt Mio ganz laut, sodass seine Mutter gleich herbeieilt. Mio erzählt ihr, was passiert ist. Danach geht es ihm schon viel besser.
Niemand darf dich anfassen, wenn du das nicht möchtest. Deshalb ist es wichtig, dass du Personen, denen du vertraust, davon erzählst, wenn so etwas passiert.
Das hier ist Mios Liste, in die er Personen eingetragen hat, denen er vertraut.

Wem kann ich mich anvertrauen?

- meiner Mama
- meinem besten Freund Rami

Wem kannst du dich anvertrauen, wenn du angefasst wurdest oder in einer Situation mit starkem Nein-Gefühl warst?

Wem kann ich mich anvertrauen?

-
-
-
-

Bärenstarke Tipps

Mio hat viel gelernt. Abschließend hat er hier noch ein paar Tipps für dich aufgeschrieben.

- Höre auf dein Gefühl. Ist es ein Ja- oder ein Nein-Gefühl?
- Sag, wenn dir etwas nicht gefällt, und mach dich bemerkbar.
- Erzähle Menschen, denen du vertraust, was dir passiert ist.
- Auch wenn dir die Person gesagt hat, dass du es niemandem erzählen darfst, tu es trotzdem!
- Wenn dir so etwas passiert, gibt es nichts, wofür du dich schämen musst. Dich trifft keine Schuld.

Für alle, die mehr wissen wollen

Liebe Eltern, liebe Vorlesende,
das vorliegende Buch ist dafür gedacht, Kinder im Alter von 6 bis 12 Jahren über sexualisierte Gewalt zu informieren. Es soll Mut machen und Strategien aufzeigen, die für Kinder hilfreich sein können, falls sie von Formen sexualisierter Gewalt betroffen sind. Hier verbinden die Autoren bestärkende und gefahrenthematisierende Ansätze und orientieren sich an typischen Bausteinen, die in gängigen Präventionsprogrammen zum Thema aufgegriffen werden.

Zentral ist hierbei die Stärkung des Selbstbestimmungsrechts über den eigenen Körper und zudem die Ermutigung dazu, der eigenen Intuition zu vertrauen. Außerdem wird über verschiedene Formen von sexualisierter Gewalt aufgeklärt und Kindern soll gezeigt werden, dass selbst vermeintlich kleine Berührungen sie dazu berechtigen, von ihrem Selbstbestimmungsrecht Gebrauch zu machen. Kindern kann es schwerfallen, sich Vertrauenspersonen mitzuteilen, entweder aufgrund von expliziter Einschüchterung oder von internen Konflikten. Deshalb ist es wichtig, die Kinder in dieser Hinsicht zu bestärken und ihnen zu vermitteln, dass sie niemals die Verantwortung oder Schuld für einen sexualisierten Übergriff tragen.

Das Erleben verschiedener Formen von Gewalt in der Kindheit und Jugend erhöht das Risiko für verschiedene psychische Störungen, darunter depressive Störungen, Angststörungen oder Posttraumatische Belastungsstörungen (PTBS). Falls sich Ihr Kind Ihnen anvertraut oder Sie Anzeichen für sexualisierte Gewalt wahrnehmen, ist dies sicherlich auch für Sie eine emotional sehr belastende Situation. Dennoch ist es wichtig, für Ihr Kind da zu sein und in jedem Fall ernst zu nehmen, was Ihr Kind Ihnen anvertraut. Es gibt ein breites Angebot an Beratung und professioneller Hilfe, die Sie und Ihr Kind in Anspruch nehmen können.

Die mögliche Unterstützung reicht von niedrigschwelligen Informationsangeboten über anonyme Hilfetelefone bis hin zur psychotherapeutischen Behandlung. Bei Vorliegen einer psychischen Störung haben Kinder und Jugendliche den Anspruch auf eine von der Krankenkasse finanzierte Psychotherapie. Psychotherapie ist eine Leistung von gesetzlichen und privaten Krankenkassen. Das bedeutet, dass alle Kinder und Jugendlichen nach traumatisierenden Erlebnissen den Anspruch auf eine von der Krankenkasse finanzierte Behandlung haben.

Sie können die Adressen und Kontakte für diesen Titel kostenfrei über unsere Internetseite nach erfolgter Registrierung online abrufen. Nutzen Sie dazu bitte den angegebenen Link und melden Sie sich nach den dort beschriebenen Schritten an. Sie können auf die Materialien über *Mein Konto* zugreifen, indem Sie unter *Meine Zusatzmaterialien* den Code eingeben. Sie werden dann automatisch in den Downloadbereich weitergeleitet.
Link: hgf.io/download
Code: B-UR7BS9
Wir empfehlen Ihnen, sich die Materialien auf Ihrem Rechner zu speichern, um sie jederzeit dauerhaft nutzen zu können.

Weiterführende Literatur

Allroggen, M., Gerke, J., Rau, T. & Fegert J. M. (2018). *Umgang mit sexueller Gewalt. Eine praktische Orientierungshilfe für pädagogische Fachkräfte in Einrichtungen für Kinder und Jugendliche.* Göttingen: Hogrefe.

Büttner, M. (2018). *Sexualität und Trauma: Grundlagen und Therapie traumaassoziierter sexueller Störungen.* Stuttgart: Schattauer.

Damrow, M. K. (2006). *Sexueller Kindesmissbrauch: Eine Studie zu Präventionskonzepten, Resilienz und erfolgreicher Intervention (Reihe Votum).* Weinheim/München: Beltz Juventa.

Fegert, J. M., Hoffmann, U., König, E., Niehues, J. & Liebhardt, H. (2014). *Sexueller Missbrauch von Kindern und Jugendlichen: Ein Handbuch zur Prävention und Intervention für Fachkräfte im medizinischen, psychotherapeutischen und pädagogischen Bereich.* Berlin: Springer.

Maschke, S. & Stecher, L. (2018). Jugendliche und ihre Erfahrungen mit sexualisierter Gewalt. *Forum,* 2, 30–33.

Pawils, S., Nick, S., Metzner, F., Lotzin, A. & Schäfer, I. (2017). Versorgungssituation von Kindern, Jugendlichen und Erwachsenen mit sexuellen Gewalterfahrungen in Deutschland. *Bundesgesundheitsblatt - Gesundheitsforschung – Gesundheitsschutz*, 60(9), 1046–1054.

Schmid, C. (2012). *Sexuelle Übergriffe an Kindern und Jugendlichen in der Schweiz (Optimus Studie).* https://www.kinderschutz.ch/angebote/herunterladen-bestellen/optimus-studie-2012

Nachwort der Herausgeberin des Bandes

Die Geschichte von Mio greift das Thema sexualisierte Gewalt auf und zeigt, wie viele Gefühle damit einhergehen können, aber auch wie hilfreich die soziale Unterstützung eines Freundes sein kann. Viel zu viele Kinder erleben sexualisierte Gewalt. Betroffene Kinder stehen häufig unter starkem Druck, sie schämen sich, fühlen sich schuldig und verantwortlich und getrauen sich oft sehr lange nicht, sich zu offenbaren.
Wir wissen, dass bei einem Drittel der Kinder die Täter*innen aus dem Familienkreis stammen. Bei Täter*innen aus dem nahen sozialen Umfeld mit einer sozialen Beziehung oder Abhängigkeit ist es gleichwohl noch häufiger der Fall, dass nicht über das Erlebte gesprochen wird. Täter*innen verpflichten oft zur Geheimhaltung und drohen mit schlimmen Konsequenzen, sollte das Kind etwas verraten. Zudem vermitteln Täter*innen aus dem nahen sozialen Umfeld dem Kind, dass so etwas eben dazu gehört und andere das auch tun. Das Kind fürchtet, dass die Familie daran kaputtgehen würde, was es nicht will, sodass es ihm besonders schwerfällt, sich jemandem anzuvertrauen. Aufgrund dieser geringen Offenbarung erfolgt dann jedoch eine geringe Inanspruchnahme von Hilfe nach sexualisierten Gewalterlebnissen. Allerdings hat sexualisierte Gewalt als mögliches traumatisches Erlebnis in sehr vielen Fällen weitreichende psychische Folgen.

Ein Grund, warum sexualisierte Gewalt so häufig übersehen wird, ist, dass es keine eindeutigen und spezifischen Anzeichen gibt. Nicht immer gibt es körperliche Anzeichen, und die psychischen Anzeichen können sich sehr unterscheiden und treten oft auch nicht direkt nach dem Übergriff auf. Anzeichen, die besonders ernst zu nehmen sind (v.a. wenn mehrere auftreten):

- Ein nicht nachvollziehbarer starker Rückzug
- Das Kind will nicht mehr allein schlafen oder abends nicht einschlafen, weil es Angst hat, nachts vom Täter geweckt zu werden, und ist dadurch tagsüber oft sehr müde
- plötzliche Verhaltensänderungen
- Das Kind bleibt nicht mehr allein zu Hause oder meidet das Zuhause
- Das Kind zeigt sexualisiertes Verhalten, hat z.B. detailliertes Wissen oder spielt Szenen nach
- Dissoziative Symptome, d.h. das Trauma wird abgespalten, nur noch in Teilen oder manchmal gar nicht erinnert, kann nicht verbalisiert werden und das Kind zweifelt an der Glaubwürdigkeit seiner Erinnerung
- Konzentrationsschwierigkeiten, Leistungsabfall in der Schule
- Gehäufte Konflikte mit anderen Kindern
- Psychosomatische Beschwerden wie Kopf- oder Bauchschmerzen
- Selbstverletzendes Verhalten, Drogenkonsum

Bei all diesen Anzeichen ist genauer hinzusehen und sexualisierte Gewalt in Betracht zu ziehen. Angemessen zu reagieren, ist dabei für alle eine große Herausforderung, jedoch sehr, sehr wichtig! Bei einem Verdacht ist wiederholt die Bereitschaft zu zeigen, dass dem Kind zugehört wird und man es ernst nimmt. Hilfreiche Aussagen können auch sein: „Du kannst mir alles erzählen, auch Dinge, die du mir nicht erzählen sollst.“ Oder: „Es gibt gute und schlechte Geheimnisse. Bei schlechten Geheimnissen, die sich nicht gut anfühlen, ist es in Ordnung, sich jemandem anvertrauen.“ Auch altersgerechte Bücher zum Thema können einen Einstieg bieten.
Wir können und müssen Kinder schützen, z.B. indem diese früh lernen, ihren Gefühlen zu vertrauen, „Nein“ zu sagen, sich gegen Übergriffe zu wehren, sich getrauen zu offenbaren und Hilfe zu suchen. Kinder sollen auch über ihren Körper Bescheid wissen und Worte haben, wenn ihre

Grenzen überschritten werden. Dies können sie allerdings nur in einem Umfeld, in dem ihre Grenzen geachtet und ihre Bedürfnisse gesehen werden. Darüber hinaus müssen wir den Mut haben, grenzverletzendes Verhalten Kindern gegenüber offen anzusprechen und uns für Kinder stark zu machen. Wenn man unsicher ist, sollte man sich an kompetente Stellen wenden, aber nicht wegsehen!

Mio hat sich gewehrt, laut auf sich aufmerksam gemacht, sich seiner Mutter trotz anfänglicher Unsicherheit anvertraut und dabei gelernt, dass sie ihm ihre ganze Unterstützung gibt und dass auch weitere Bären sich dafür einsetzen, dass dies kein anderer Bär erleben muss.

Prof. Dr. Tina In-Albon, Landau, September 2022

Nachwort der Herausgeber*innen der Reihe Psychologische Kinderbücher

Die Psychologischen Kinderbücher entstanden durch einen seltenen Glücksfall im Kontext von zwei Seminarveranstaltungen des Fachbereichs Psychologie an der Philipps-Universität Marburg (PUM) im Winter- und Sommersemester 2014/15: Als Kooperationsprojekt entwickelten das Institut für Bildende Kunst und der Fachbereich Psychologie der PUM eine praktische Übung für illustrierte psychologische Kinderbücher. Wir danken Prof. Tillmann Damrau und Dipl.-Des. Sabine Funk (beide heute Technische Universität Dortmund) für ihre Pionierarbeit am Institut für Bildende Kunst der PUM und die initiale Betreuung der ersten Bücher. Die Studierenden der Bildenden Kunst hatten Entwürfe zu Kinderbüchern erstellt, die verschiedene psychologische Themen behandeln. Diese Entwürfe wurden von den Studierenden der Psychologie auf der Textebene bearbeitet, sodass

psychoedukative Bilderbücher zu psychischen Störungen im Kindes- und Jugendalter entstanden sind, die den neusten Wissensstand zu den jeweiligen Störungen repräsentieren.
Seit dem Sommer 2017 gibt es die Psychologischen Kinderbücher nun als Reihe im Hogrefe-Verlag. Die PUM würdigte dieses Projekt im selben Jahr mit einem Preis für besonders innovative Lehre. Dieser Preis sowie die Unterstützung durch den Hogrefe-Verlag ermöglichen es, seit 2018 die renommierte Illustratorin Leonore Poth und seit 2019 die Schriftstellerinnen Claudia Gliemann und Kathrin Lange hinzuzuziehen, die das Projekt künstlerisch begleiten.
Für die Kinderbücher, die zwischen 2018 und 2021 erschienen sind, haben wir uns für eine klare Aufgabenverteilung entschieden:
Die Studierenden der Bildenden Kunst konzentrieren sich unter Anleitung von Leonore Poth ausschließlich auf die Illustration der Geschichten und die Gestaltung der Bücher und die Studierenden der Psychologie auf die Geschichte und Inhalte, betreut durch Prof. Dr. Hanna Christiansen und unterstützt durch ein Herausgeberteam aus Expert*innen der Klinischen Kinder- und Jugendpsychologie: Prof. Dr. Christina Schwenck (Universität Gießen), Prof. Dr. Tina In-Albon (Universität Koblenz-Landau) und Prof. Dr. Guy Bodenmann (Universität Zürich) sowie aktuell durch die Autorin Kathrin Lange.
2022 erscheint ein Kinderbuch zu sexualisierter Gewalt – „Mio, der Braunbär". Es sind weitere Bücher zu physischer, emotionaler Gewalt, Vernachlässigung sowie Adipositas entstanden, aber aufgrund der Herausforderungen durch die Covid-19-Pandemie konnten die Illustrationen nur für das Buch „Mio, der Braunbär" fertiggestellt werden. Dieses Buch wird von Frau Prof. Dr. Tina In-Albon herausgeberisch betreut.
Wir freuen uns besonders, dass aus dem universitären Seminaralltag und dem akademischen „Elfenbeinturm" eine so gelungene Buchreihe für kleine Leser*innen und hilfreiche Publikationen für Therapeut*innen

und Eltern hervorgeht, und wünschen dieser Reihe viele begeisterte Leser*innen und Nutzer*innen. Die Reaktionen auf die bisherigen Bücher waren überwältigend positiv, worüber wir uns sehr freuen. Wir sind uns sicher, dass wir mit diesem neuen Buch und den weiteren, die für 2023 geplant sind, an diesen Erfolg anknüpfen können. Die bisherigen Rückmeldungen von Leser*innen und Fachleuten aus der Praxis konnten die Qualität der Bücher weiter steigern und trugen dazu bei, die Reihe erfolgreich auf dem Kinderbuchmarkt zu etablieren.

Nachwort – Aus künstlerischer Sicht

Die Psychologischen Kinderbücher sind inzwischen zu einem festen Bestandteil des Curriculums an beiden Fachbereichen geworden. Für Studierende sind sie attraktiv, weil sie zum einen ernste Themen fachlich aufbereiten und dies nicht allein auf wissenschaftlichem, sondern auch auf künstlerischem Weg vermitteln. Zum anderen ist es eine große Herausforderung und Chance, dem hohen Anspruch gerecht zu werden und die Bücher tatsächlich publizieren zu können. Bis eine Geschichte entwickelt und aufs Wesentliche reduziert und kindgerecht formuliert ist, ist viel zu tun. Daher ist die kompetente künstlerische Betreuung auf Bild- und Textebene ein notwendiges Tandem.
Für die Studierenden sind die Textarbeit, die Entwicklung der Illustrationen und insbesondere die intensive Auseinandersetzung mit professionellen Gestaltungsprogrammen reizvolle, aber permanent blinkende Großbaustellen in ihren eng getakteten Stundenplänen.

Dass ein derartiges Kinderbuchprojekt sowohl Disziplin als auch eine hohe Motivation voraussetzt, wird gelegentlich erst während des langen Arbeitsprozesses wirklich deutlich. Ohne das außerordentliche und leidenschaftliche Engagement der Studierenden wären zielführende Arbeitsprozesse an jedem einzelnen Buchprojekt undenkbar. Die

Kunststudierenden müssen zu den kompakten Geschichten, die in der Regel von den Psychologie-Studierenden kreiert werden, sensibel passende Bilder entwickeln und diese darüber hinaus mit dem Text verbinden und bis zur Publikationsreife gestalten und dabei oft neue, digitale Techniken einüben und schließlich kompetent anwenden. In diesem Jahr konnte aufgrund der durch die Corona-Krise geprägten wenig idealen Arbeitsbedingungen trotz der engagierten Arbeit an mehreren interessanten Projekten nur ein Buch zur Publikationsreife gelangen.

Für die gelungene und sensible Umsetzung des Themas Sexualisierte Gewalt bedanken wir uns bei den beteiligten Studierenden und sind zuversichtlich, dass in den Folgejahren wieder mehrere Buchprojekte erscheinen werden. In diesem Jahr wünschen wir insbesondere „Mio, dem Braunbären" und der gesamten Reihe weiterhin viel Erfolg!

Kathrin Lange
Autorin, Lehrbeauftragte am FB 04 Psychologie
Philipps-Universität Marburg

Leonore Poth
Künstlerin, Lehrbeauftragte für Kinderbuchgestaltung am
Institut für Bildende Kunst

Klaus Lomnitzer
Professor für Grafik und Malerei,
Geschäftsführender Direktor des Instituts für Bildende Kunst
FB 09 Germanistik und Kunstwissenschaften
Philipps-Universität Marburg

Die Illustratorinnen

Hannah Schmiedel wurde 1997 in Marburg geboren. Ihre große Leidenschaft fürs Zeichnen trug sie schon immer durch ihr Leben, und sie hat vor, damit auch ihr weiteres Leben zu füllen.

Isabell Müller wurde 1993 in Kirchen geboren. Im Germanistikstudium widmete sie sich bereits ihrer Leidenschaft für die Literatur. Aktuell verfolgt sie ihren kreativen Interessenschwerpunkt mit dem Studium der bildenden Künste in Marburg. Beide Passionen werden nun in diesem Kinderbuch zusammengeführt.

Die Autoren

Noah Willmann wurde 1997 in Siegburg geboren. Schon in seiner Kindheit schrieb er gern fantasievolle Geschichten. Diese Freude konnte er mit Mio, dem Braunbären, wieder aufleben lassen.

Simon Felix Zerth wurde 1997 in Wolfach geboren. Schon als Kind begeisterte er sich neben dem Lesen auch für das Schreiben von Geschichten. Als sich durch das Studium die Möglichkeit ergab, ein eigenes Buch zu veröffentlichen, entfachte dies seine Leidenschaft für das Schreiben erneut.

Bibliografische Information der Deutschen Nationalbibliothek
Die Deutsche Nationalbibliothek verzeichnet diese Publikation in der Deutschen Nationalbibliografie; detaillierte bibliografische Daten sind im Internet über http://www.dnb.de abrufbar.

Anregungen und Zuschriften bitte an:
Hogrefe AG
Lektorat Psychologie
Länggass-Strasse 76
3012 Bern
Schweiz
Tel. +41 31 300 45 00
info@hogrefe.ch
www.hogrefe.ch

Lektorat: Dr. Susanne Lauri
Herstellung: Daniel Berger
Druck und buchbinderische Verarbeitung: Finidr s. r. o., Český Těšín
Printed in Czech Republic

1. Auflage 2022

(E-Book-ISBN_PDF 978-3-456-96261-0)
ISBN 978-3-456-86261-3
https://doi.org/10.1024/86261-000

Weitere Titel der Reihe

Abdalli / Rzany / Hildebrandt / Neudert: Mission Schuppe – Eine kleine Geschichte über das Leben mit Neurodermitis
2021, ISBN 978-3-456-86181-4

Bartling / Buchner / Bendel / Grote / Kresse / Koy: Alles anders bei Familie Biber – Eine Geschichte für Kinder, deren Eltern von Arbeitslosigkeit betroffen sind
2019, ISBN 978-3-456-86019-0

Keshavarz / Ayaz / Röder / Wachter: Ecke, Abseits und die Atemnot – Asthma kindgerecht erklärt
2021, ISBN 978-3-456-86187-6

Maleki / Beham / Böning / Korfmacher / Stracke / Wangenheim: Dunkle Farben im Wunderwald – Ein Buch für Kinder, deren Eltern psychisch krank sind
2019, ISBN 978-3-456-86020-6

Maleki / den Hartog / Maiworm / Wüstefeld: Allein ist keine Farbe – Gemeinsam durch die Chemotherapie
2021, ISBN 978-3-456-86173-9

Meister / Hamacher / Weingarten: Paul und der rote Luftballon – Ein Buch für Kinder, die mutig werden und neue Freunde finden
2018, ISBN 978-3-456-85909-5

Michel / Buschkamp / Drerup / Schramm: Die kleine Eule Luna und wie sie lernte, mit ihrer Trennungsangst umzugehen
2018, ISBN 978-3-456-85896-8

Rzany / Heindel / Maelger / Senßfelder: Linns Licht – Ein Mutmach-Buch für Kinder mit einer Depression
2020, ISBN 978-3-456-86095-4

Schaaf / Andersen / Roth / Salzmann: In Gedanken ein Fuchs – Ein Buch für sozial ängstliche Kinder, die selber kleine Füchse sind
2018, ISBN 978-3-456-85899-9

Schaaf / Frerich / Hauck / Klein-Reesink / Zahn: Hörst du die Elefanten brüllen? – Ein Buch für Kinder, deren Eltern sich immer wieder mal streiten
2019, ISBN 978-3-456-86021-3

Schaaf / Eitenmüller / Schultz / Stefcheva: Karli, der kribbelige Kugelfisch – Eine Geschichte für ausgeprägte Trotzköpfe
2020, ISBN 978-3-456-86106-7

Spence / Kiefer / Habermann: Milli und die Zuckerdrachen – Wie Kinder lernen, mit Diabetes umzugehen
2021, ISBN 978-3-456-86179-1

Strack / Lin / Schlegl: Wackelkontakt – Epilepsie bei Kindern leicht erklärt
2021, ISBN 978-3-456-86197-5

Tusheva / Battisti / Mohme / Roth: Kein Samstag ohne rote Grütze – Eine Geschichte von unsichtbaren Verletzungen
2020, ISBN 978-3-456-86090-9

Weißflog / Köcher / Ladkani / Ngono / Stöhr: Zwei Zimmer für Cleo – Wenn Eltern sich trennen und wie es danach weitergeht
2019, ISBN 978-3-456-86022-0

Weißflog / Ortmüller / Wende: Opas Stern – Ein Trost- und Erklärbuch für Kinder und ihre Eltern
2018, ISBN 978-3-456-85906-4

Weißflog / Dahm / Mews / Warczok: Zum Kuckuck mit den Regeln – Wie Kimi lernte, mit der Wut umzugehen
2020, ISBN 978-3-456-86091-6

Zais / Michalak / Rumpf / Schulte: Zappel-Zirkus Zacharias – Ein Buch für zappelige Zirkuskinder mit ADHS, ihre Zirkusfamilien, Freunde und Zirkusdompteure
2018, ISBN 978-3-456-85918-7

Themen in Vorbereitung

Körperliche Gewalt
Emotionale Gewalt
Vernachlässigung
Adipositas